Маримба

Кристин Эло и Патрисия Веласко

Иллюстрации Антуна Койтона

Перевод: Грыб Ивана

TBR Books

New York • Paris

Послушайте, дети, послушайте меня.
Послушайте историю моей удивительной жизни,
настоящую историю странствующей Маримбы.
Слышите ли вы сладкие ноты моей песненки.
Как серебряные колокольчики, звонящие по полям?
Маримба – вот мое имя, Маримба, Маримба.

Escúchenme, niños, escúchenme.
Escuchen la historia de una vida increíble,
la verdadera historia de la Marimba viajera.
¿Escuchas las dulces notas de mi serenata
como campanas de plata repiqueteando en los campos?
Marimba es mi nombre, Marimba, Marimba.

4

Вы видите, какой я большой?
Как тонко вырезано мое дерево?
Можете ли вы сосчитать малеты, танцующие
надо мной?
Видите, какие они легкие и проворные!
И как быстро они подпрыгивают вверх и вниз на
моих клавишах.
Маримба – вот мое имя, Маримба, Маримба.

¿Puedes ver cuán larga soy?
¿El bello tallado de mi madera?
¿Puedes contar las baquetas que bailan
en el aire sobre mí?
¡Mira cuán ligeras y ágiles son!
Mira la rapidez con que saltan de
arriba abajo sobre mis teclas.
Marimba es mi nombre, Marimba, Marimba.

Я родился очень давно,
на прекрасном золотом побережье Африки,
но однажды на ужасных невольничьих кораблях
мой народ был переправлен на другой континент.
Многие погибли по дороге!
Маримба – вот мое имя, Маримба, Маримба.

Nací hace mucho tiempo
en la hermosa costa dorada de África,
pero un día, en pavorosos barcos de vela,
la gente de mi pueblo fue arreada y llevada lejos,
a un nuevo continente.
¡Muchos murieron en el camino!
Marimba es mi nombre, Marimba, Marimba.

В Новой Испании они высадились на берег и
трудились день и ночь.
У них не было ни прав, ни свободы, ни будущего.
Их заставляли собирать урожай кукурузы и
срезать сахарный тростник.
Чтобы облегчить свои тяготы, они пели вместе
под мягкий ритм своего старого балафона.
Маримба – вот мое имя, Маримба, Маримба.

Desembarcaron en la Nueva España,
trabajaron noche y día.
No tenían derechos ni libertad, ni futuro.
Los forzaron a cultivar maíz y a cortar caña de azúcar.
Para aliviar su dolor, cantaron juntos
al suave ritmo de su viejo balafón africano.
Cantaban juntos para aliviar sus penas.
Marimba es mi nombre, Marimba, Marimba.

Однажды они нашли очень прочное дерево.
Они разрезали его, вырезали части,
чтобы сделать мои клавиши.
и соединить их вместе.
Под ними висел ряд полых тыкв,
и полилась сладкая музыка.
Они дали мне новое имя.
Я стал Маримбой.
Маримба – вот мое имя, Маримба, Маримба.

Un día encontraron un poco de madera muy resistente.
La cortaron, tallaron los trozos para
fabricar mis teclas y las unieron.
Colgaron una hilera de calabazas huecas debajo,
y la dulce música fluyó.
Me dieron un nuevo nombre y renací como Marimba.
Marimba es mi nombre, Marimba, Marimba.

Под звуки моих курантов проходили столетия.
Рождались дети, уходили из жизни старики.
В щедром Сьерра-Мадре-де-Чьяпас
выращивали большие урожаи какао и кофе.
и собирали вкусные пиньи из голубой агавы.
Маримба - вот мое имя, Маримба, Маримба.

Los siglos pasaron con el repiquetear de mis notas.
Nacieron niños y fallecieron ancianos.
En la generosa Sierra Madre de Chiapas
mi gente cultivó vastas cosechas de cacao y café.
Reunieron exquisitas piñas de agave azul.
Marimba es mi nombre, Marimba, Marimba.

Но трудности наступали снова и сноваь. По этому
дини за другими,
наши папы и мамы были вынуждены уйти.
Они шли через опасные пустыни,
боролисъ с голодом и жаждой,
отчаянием и болдьшим страхом .
Маримба – вот мое имя, Маримба, Маримба..

La adversidad sobrevino de nuevo y, uno por uno,
nuestros padres tuvieron que partir y
nuestras madres también.
Atravesaron peligrosos desiertos.
Contra el hambre y la sed lucharon.
Miedo y desesperación. Más miedo.
Marimba es mi nombre, Marimba, Marimba.

У них не было другого выбора,
кроме как оставить своих близких.
Хотя они не могли взять меня с собой,
оставить меня – значило бы разрушить их мечты,
поэтому они разобрали меня и разрезали на куски.
Маримба – вот мое имя, Маримба, Маримба.

No tuvieron más opción
que dejar a sus seres queridos.
No podían llevarme, pero sabían que
abandonarme acallaría sus sueños.
Por eso me fragmentaron, me cortaron en partes.
Marimba es mi nombre, Marimba, Marimba.

18

По кусочку за раз, скрывая весь путь,
мой народ унес меня.
Тихо в опасном путешествии, я вел их
шаг за шагом в темноте ночи,
избегая собак, змей и стражей.
Маримба – вот мое имя, Маримба, Маримба.

Tecla por tecla, me ocultaron durante el camino,
Mi pueblo me llevó con él.
Los guie en silencio en su riesgosa travesía.
Paso a paso en la negrura de la noche,
huimos de los perros, las serpientes y los guardias.
Marimba es mi nombre, Marimba, Marimba.

Когда вся семья наконец-то была в безопасности,
снова вместе в свободной стране,
часть за частью я был возвращен к жизни.
Моя твердая древесина выдержала это
путешествие,
и вот я здесь, такой же сильный, как и раньше.
Маримба – вот мое имя, Маримба, Маримба.

*Cuando toda la familia estuvo a salvo,
reunida en la tierra de la libertad,
recobré la vida tecla por tecla.
Mi sólida madera resistió el viaje.
Y ahora estoy aquí, tan fuerte como antes.
Marimba es mi nombre, Marimba, Marimba.*

Отцы и матери, братья и сестры,
дяди и тети, кузены и друзья.
Все стоят рядом друг с другом,
размахивая молоточками,
вылетающими из их рук,
играя мелодию из прошлого в Чьяпасе.
Маримба – вот мое имя, Маримба, Маримба.

Padres y madres, hermanos y hermanas.
Tíos y tías, primos y amigos.
Todos de pie, lado a lado, a todo lo largo.
Las baquetas vuelan entre sus manos,
tocan una melodía de su pasado en Chiapas.
Marimba es mi nombre, Marimba, Marimba.

Теперь мне светит лучезарный день .
В новой стране у меня снова есть дом.
Я снова цел и невредим, как прежде!
И вновь собравшись, в унисон,
мой народ поет под звуки моего имени.
Маримба – вот мое имя, Маримба, Маримба.

El fulgor del día brilla sobre mí ahora,
en un nuevo hogar, en un nuevo país.
¡Una vez más, entera y tan extensa como antes!
Reunida en unisono,
mi gente canta al ritmo de mi nombre.
Marimba es mi nombre, Marimba, Marimba.

Антун Койтон

Антун Койтон родился в Тенехапе, Мексика, в семье с очень традиционным и богатым видением родовых знаний, поэтому его работы углубляются в философию его культуры. Он считает себя артистом-самоучкой.

Anton Kojton nació en Tenejapa, México, en el seno de una familia con una visión tradicional y abundante de conocimiento ancestral. Por esta razón, su trabajo profundiza en la filosofía de su cultura. Se considera un artista autodidacta.

Скачайте бесплатный учебный буклет с заданиями

(доступны на английском и испанском языках)

Descarga tu cuadernillo educativo y las actividades gratuitas

(disponible en inglés y español)

Кристин Эло

Кристин Эло - заслуженный профессор английского языка Страсбургского университета, Франция. Она является специалистом по двуязычному и многоязычному образованию, языковой политике и детской литературе. Она много публиковалась на французском и английском языках. Книга "Маримба" основана на реальной истории, рассказанной ей Патрисией Веласко.

Christine Hélot es profesora emerita de inglés en la Universidad de Estrasburgo, Francia. Se especializa en educación bilingüe y multilingüe, en políticas de la lengua y en literatura infantil. Ha publicado extensamente en francés e inglés. *Marimba* se basa en una historia real que le fue transmitida por Patricia Velasco.

Патрисия Веласко

Патрисия Веласко - доцент кафедры начального и дошкольного образования в Квинс Колледже и координатор программы двуязычного образования.

Patricia Velasco es profesora asistente en el Departamento de educación elemental y temprana de Queens College, y Coordinadora del Programa de educación bilingüe.

TBR BOOKS
a program of CALEC